生产技改大修项目管理

百问百答

国网河南省电力公司安阳供电公司运维检修部　组编

中国电力出版社
CHINA ELECTRIC POWER PRESS

内容提要

为提高生产技改大修管理人员管理水平，加强生产技改大修项目全过程管理，在国网河南省电力公司设备部指导意见与国网河南省电力公司各供电公司运维部的共同参与下，国网河南省电力公司安阳供电公司运维检修部组织编写了本书。

本书根据国家电网有限公司技改大修项目的管理规定，按总则、管理职责、项目前期管理、项目计划管理、项目实施管理、项目后期管理及其他注意事项几部分，对一些重点内容采取问答的形式进行详细阐述，帮助生产技改大修项目的管理人员掌握相关知识。

本书适合供电企业生产技改大修项目管理人员使用。

图书在版编目（CIP）数据

生产技改大修项目管理百问百答 / 国网河南省电力公司安阳供电公司运维检修部组编. —北京：中国电力出版社，2020. 6（2020.9重印）
ISBN 978-7-5198-4540-7

Ⅰ. ①生… Ⅱ. ①国… Ⅲ. ①电力工业－工业企业管理－河南－问题解答 Ⅳ. ① F426.61-44

中国版本图书馆 CIP 数据核字（2020）第 060494 号

出版发行：中国电力出版社
地　　址：北京市东城区北京站西街 19 号（邮政编码 100005）
网　　址：http：//www. cepp. sgcc. com. cn
责任编辑：刘　薇（010-63412357）
责任校对：黄　蓓　王海南
装帧设计：张俊霞　郝晓燕
责任印制：石　雷

印　　刷：三河市百盛印装有限公司
版　　次：2020 年 6 月第一版
印　　次：2020 年 9 月北京第二次印刷
开　　本：880 毫米 ×1230 毫米　64 开本
印　　张：1.375
字　　数：48 千字
印　　数：3001－4000 册
定　　价：10.00 元

本书编委会

主　　编　安超印

副 主 编　杨　雪　赵　雨

参编人员　黄小川　库永恒　吴　博

陈军辉　郭　栋　王伟鹏

盛腾飞　迟渊泓　苏　静

李景红　孔德风　张中宽

周　东　石　锋　石岭岭

刘卫侠　张亚博　雷　飒

巩　锐　常久龙　刘　巍

刘雁南　闫元本　陈军明

赵　航　张朋飞　刘振亚

刘诚斌　汪　洪　谢　铮

贾子昊　刘林曼　张　成

刘　希　彭　帅　田志勇

张鸿雁　李　杰　谷永涛

闫帅榜　王天民　俎洋辉

童华珅　杨琰冲　叶　青

林　薇

前 言

为提高生产技改大修管理人员管理水平，加强生产技改大修项目全过程管理，确保项目前期精准投资，过程精益管控，审计风险降至最低，在国网河南省电力公司设备部指导意见与国网河南省电力公司各供电公司运维部的共同参与下，国网河南省电力公司安阳供电公司运维检修部组织编写了《生产技改大修项目管理百问百答》。国网河南省电力公司安阳供电公司贯彻执行《国家电网公司关于印发〈国家电网公司生产技术改造工作管理规定〉和〈国家电网公司生产设备大修工作管理规定〉的通知》（国家电网企管〔2014〕69 号）等通用制度，全面落实《国网河南省电力公司设备部关于印发〈进一步加强生产技改大修项目全过程管理实施意见〉的通知》，在充分调研全省生产技改大修项目管理现状的基础上，学习其他省级电力公司先进经验，巩固提升国网河南省电力公司生产技改大修项目全过程管理工作。

编写本书不仅有效解决技改大修管理人员日常工作难题，而且可使新上岗人员快速学习、尽快适应。

目录

一、总则

1. 生产技改大修项目全过程管理包含哪些阶段，涉及哪些内容?

生产技改大修项目全过程管理包含项目前期阶段、招标采购阶段、实施阶段和后期阶段，主要涉及项目安全、质量、进度、造价和档案资料等方面。

2. 生产技改大修项目全过程管理应遵循什么原则?

生产技改大修项目全过程管理应遵循“分层分级、一体化”原则，国网河南省电力公司资产、国家电网有限公司委托资产、国家电网有限公司华中分部委托资产和国家电网有限公司他省委托资产生产技改大修项目一体化管理，市公司为县公司生产技改大修项目全过程管理主体。

二、管理职责

1. 生产技改大修项目全过程管理中设备部各处室管理职责有哪些?

（1）计划处。负责组织编制、印发生产技改大修储备重点；负责组织储备库项目编审，建立公司项目储备库，牵头汇报重点项目储备情况；组织生产技改大修项目可研与初步设计编制、评审、批复。组织年度计划编制与下达；组织项目里程碑计划编制，配合开展招标采购，督导各单位按照节点开展工作，开展项目执行情况分析。负责督导各单位设备部门向财务部门提交竣工验收投运单，负责结算管理及限上项目结算审核工作，生产技改大修项目结算报告应在竣工验收合格 30 日（限上 45 日）内完成。配合财务部门开展项目决算、转资；开展工程造价、项目成本分析和组织项目后评价工作。

（2）技术处。依据设备运行情况和技术原则，提出本专业项目储备重点，参与电能质量项目储备、计划审查，负责电能质量项目招标采购需求审批，组织生产技改大修重大复杂技术专业项目检修方案审查，督导项目单位强化技术专业项目作业现场风险和质量管控，组织开展技术类项目专业验收，牵头开展生产技改大修项目招标采购工作。

（3）检修一处。依据设备运行情况和技术原则，提出生产技改大修变电专业项目储备重点；对 220kV 及以上电压等级变电专业项目和 35kV 及以上主变压器更换项目必要性出具审核意见；参与变电专业项目评审、储备、计划审查；负责生产技改大修变电专业项目招标需求审批，配合开展招标采购工作；组织生产技改大修重大复杂变电专业项目检修方案审查，督导项目单位强化作业现场风险和质量管控；督促项目单位加强变电专业项目分包管理；督导项目单位组织开展变电专业项目三级验收。

（4）检修二处。依据设备运行情况和技术原则，提出生产技改大修输电专业项目储备重点；对 220kV 及以上输电专业项目必要性出具审核意见；参与输电专业项目评审、储备、计划审查。负责生产技改大修招标需求审批，配合开展输电专业项目招标采购工作；组织生产技改大修重大复杂输电专业项目检修方案审查，督导项目单位强化作业现场风险和质量管控。督促项目单位加强输电专业项目分包管理。督导项目单位组织开展输电专业项目三级验收。

（5）检修三处。依据设备运行情况和技术原则，提出生产技改大修配电专业项目储备重点；参与生产技改大修配电专业项目评审、储备、计划审查。负责生产技改大修配电专业项目招标需求审批，配合开展招标采购工作；组织生产技改大修重大复杂配电专业项目检修方案审查，督导项目单位强化作业现场风险和质量管控。督促项目单位加强配电专业项目分包管理。督导项目单位组织开展配电类项目三级验收。

（6）直流处。依据设备运行情况和技术原则，提出生产技改大修直流专业项目储备重点；参与生产技改大修直流专业项目评审、储备、计划审查。负责生产技改大修直流专业项目招标需求审批，配合开展招标采购工作；组织生产技改大修重大复杂直流专业项目检修方案审查，督导项目单位强化作业现场风险和质量管控。督促项目单位加强直流专业项目分包管理。督导项目单位组织开展直流类项目三级验收。

2. 生产技改大修项目全过程管理中相关部门管理职责有哪些？

（1）发展部。公司系统各级发展策划部门为综合计划的归口管理部门，负责将生产技改大修项目储备、计划纳入公司综合计划统一管理，负责生产技改大修项目储备质量督查，督导生产技改大修项目计划执行。

（2）财务部。公司系统各级财务资产管理部门为预算归口管理部门，负责将生产技改大修资金纳入公司预算统一管理，负责组织生产技改大修预算编制及发布，督导项目资金使用，开展生产技改大修项目预算执行情况分析，组织开展生产技改项目决算、转资工作，项目竣工验收投运后 15 日内按照项目成本发生金额完成暂估转资，3 个月内组织完成项目竣工决算报告的编制和转资。

（3）物资部。公司系统各级物资管理部门为物资招投标归口管理部门，负责生产技改大修项目物资、服务类招标采购统一管理，组织开展招标需求提报、采购、合同签订、收发货、出入库、废旧物资回收等工作。

（4）审计部。公司系统各级审计管理部门为审计归口管理部门，负责组织开展生产技改大修项目结算审计工作，负责生产技改大修项目专项审计，预防风险，生产技改大修项目结算报告审计工作自提交之日起 15 日内完成，并签署意见。

（5）科信部。开展通信专业设备运行分析和状态评价，依据技术原则，提出通信专业储备项目重点；对四级及以上骨干网项目出具是否同意开展项目可研工作意见；全面参与通信项目评审、储备、计划审查，负责项目招标需求审批；组织编写、审查通信专业项目检修方案，组织通信专业生产技改大修项目实施及分包管理，督导项目单位强化安全和质量管控，组织开展通信专业项目验收。

（6）调控中心。开展调控专业设备运行分析和状态评价，依据技术原则，提出调控、自动化、保护等专业储备项目重点；对省、地调控专业主站类项目及 220kV 及以上综合自动化、保护改造出具是否同意开展项目可研工作意见；全面参与调控、自动化、保护类项目评审、储备计划审查，负责项目招标需求审批；组织编写、审查调控专业项目检修方案，组织项目实施及分包管理，督导项目单位强化安全和质量管控，组织开展调控专业项目验收。

三、项目前期管理

（一）储备项目需求提报

1. 什么叫生产技术改造?

生产技术改造是利用成熟、先进、适用的技术、设备、工艺和材料等，对现有电网生产设备、设施及相关辅助设施等资产进行更新、完善和配套，提高其安全性、可靠性、经济性，满足智能化、节能、环保等要求。生产技术改造投资形成固定资产，是企业的一种资本性支出。

2. 什么叫生产设备大修?

生产设备大修是指为恢复资产（包括设备、设施以及辅助设施等）原有形态和能力，按项目制管理的修理性工作。生产设备大修不增加固定资产原值，是企业的一种损益性支出。

3. 生产技改大修的对象是什么?

生产技改大修的主要对象为与电力生产相关的投运一年以上的生产设备、设施及附属（辅助）设施，主要包括电厂设备、电网一次设备、厂站自动化系统、调度自动化系统、继电保护及安全自动装置、电力通信系统、自动控制设备、电网（厂）生产建筑物、构筑物等辅助及附属设施、安全技术劳动保护设施、非贸易结算电能计量装置、监测装置等。

4. 哪类项目不纳入生产技术改造大修范围?

整站、整线和扩大电网规模、提高输电能力的整变、整间隔改造项目；营销、信息以及归入公司产业管理的技术改造项目；非生产性配套设施、房屋等建设、改造和装修项目；营销、信息化、非生产性大修项目和日常运维管理等费用支出项目。

5. 生产技改大修限上、限下项目区分标准是什么?

根据投资规模和项目重要性，生产技术改造设备大修项目分为限上项目和限下项目。生产技改大修限上项目是：总部出资项目、单项投资 2000 万元及以上的电网一次技改项目、单项投资 1500 万元及以上的二次系统技改项目、单项费用 1500 万元及以上的大修项目、特高压输变电项目（直流 ±800kV 和交流 1000kV 及以上）、总部指定的其他重大项目。限上项目以外的其他项目（包括分部出资项目及省间运维项目）为限下项目。

6. 生产技改大修储备库项目的来源是什么?

储备库项目为拟列入下一年度计划和预算的生产技改大修项目。各单位应在设备状态评价的基础上，按照《国家电网有限公司十八项电网重大反事故措施》

（修订版）、专项治理重点工作要求，结合电网运行中出现的重大隐患及设备缺陷，动态建立和调整项目储备库。

7. 对于长时间放在储备库的项目有何规定？

对于进入储备库时间超过 3 年且未列入计划的项目，或因特殊原因已不符合生产设备大修条件的项目应转出储备库，需继续作为储备项目的应重新履行可研评审等入库程序。

8. 同一设备的改造（大修）间隔时间是多少年？

除设备事故抢修、新反措执行及专项治理外，五年内同一设备不重复改造或大修。

9. 生产技术改造与设备大修项目边界是什么？

生产技术改造投资形成固定资产，是企业的一种资本性支出。生产设备大修不增加固定资产原值，是企业的一种损益性支出。对于项目中形成独立固定资产的（按《国家电网公司固定资产目录》第二级目录确定），应列为生产技改项目。对于项目中设备修理、更换或新增设备组部件的，项目支出达到取得固定资产时的计税基础（固定资产原值）50%及以上，应列为生产技改项目。

10. 生产技改大修与其他项目的边界是什么?

（1）生产技术改造与基建项目边界。整站、整线改造项目，扩大电网规模、提高输送能力的整变、整间隔改造项目，单项工程投资 1000 万元及以上的独立二次项目纳入基建管理。

注意事项：以主变压器增容为主要目的的改造项目，应列入基建管理。不以电网隐患治理为主要目的，导致接线方式（35kV 及以上）发生重大变化的项目，应列入基建管理。

（2）生产技改大修与小型基建项目、生产辅助技改大修项目边界。

小型基建项目：为企业生产经营服务的调度控制、生产管理、运行检修、营销服务、物资仓储、科研实验、教育培训用房和其他非经营性生产配套设施的新建、扩建和购置。

生产辅助技改大修项目：各单位非生产性房屋（办公用房、会议中心、培训中心、医院、独立车库）及其配套设备设施改造、维修项目。

注意事项：新建、扩建仓库应纳入小型基建项目管理。生产用仓库改造、修理，可纳入生产技改大修项目管理，例如仓储设施、特种车辆车库、无人机库房、通信及自动化机房的改造和修理。

（3）生产技改大修与营销项目边界。

营销项目：用电营业、电能计量、市场与能效、智能用电、供电服务等设备、设施方面新建、扩建和改造纳入营销管理，含计量中心和营业网点等营销用房的修缮（包括墙面粉刷等）投入。0.4kV 低压接户线以下（户表后）设备、贸易结算计量装置更换等应纳入营销项目。

（4）生产技术改造与零购项目边界。

固定资产零星购置：在公司固定资产目录内未纳入工程项目管理、可以独立发挥作用且无建筑安装工程量的仪器仪表、工器具及运输工具等固定资产的购置。交通运输车辆、生产管理用工器具、仪器仪表及测试设备、办公及辅助设备、为生产生活服务的其他零购设备更换纳入固定资产零星购置项目管理。

注意事项：办公计算机的购置不应列入生产技改项目。无需安装的仪器仪表、工器具的新增、更换列为零购项目，有安装工程量的仪器仪表、工器具（如电压监测仪、巡检机器人）的新增、改造可以列为生产技改项目。生产特种车辆的改装、升级、修理可列为生产技改大修项目。

（5）生产技术改造与信息化项目边界。一体化信息集成平台、业务应用信息系统、信息化保障体系等系统建设、升级改造纳入信息化项目管理。

注意事项：各系统之间的接口集成、办公管理软件的日常升级维保不应列为生产技改大修项目。配抢指挥平台作为 PMS 功能模块，其建设改造及运维检修不应列入生产技改大修项目。

（6）生产设备大修与日常运维边界。电网设备日常运维产生的相关费用，不纳入生产设备大修管理，主要包括设备的巡视、清扫、保养、试验、检测、调试、标识维护，工器具及试验用仪器仪表检测、校验，线路走廊零星伐树，变电站锄草、除雪，车辆检测、保养，低值易耗品的补充等费用。备品备件购置由公司专项资金列支，不纳入生产技改大修管理。

（二）储备项目可研编制

1. 各级设备部门的可研编制与评审的职责是什么？

国家电网有限公司组织或委托分部开展限上项目评审，出资方组织限下项目评审，其中 200 万元以下项目可由地市公司及直属单位按管理范围开展可研评审。各级经研院（所）可根据实际工作强度外聘符合资质条件的单位参与评审。

国家电网有限公司批复限上项目，出资方批复限下项目。单项投资总额在 200 万元以下的项目，可由地市公司及直属单位开展可研审批。各单位可延伸开展所属单位权限内的可研审批，但所属单位不得越级审批。

省公司设备部计划处组织，技术处、各检修处和科信部、调控中心负责编写本专业年度技改大修项目储备重点，各专业分管负责人签字确认，计划处汇总提交部务会审核通过，印发各单位作为项目储备可研编制依据。

涉及220kV及以上电压等级输、变电专业项目和35kV及以上主变压器更换项目。由项目单位向专业处室申请，检修一、二处对项目必要性出具审核意见，同意后项目单位开展项目可研工作，并将审核意见作为项目可研报告附件。

2. 各级单位应向编制单位提供项目可研编制所需的哪些基础资料？

开展储备项目可研编制需要先取得相关专业的专业审核意见，作为项目可研编制委托的前提。

可研编制需要的基础资料包括生产技术改造和设备大修原则等项目立项依据性文件资料；项目涉及的原有设计资料，包括需改造系统及设备现状；主要技术方案，包括有关的技术导则及会议纪要等；项目建设目标及特殊情况说明，包括项目取得成效、预期投产时间、项目特殊需求等；项目实施条件及临时过渡方案等；拟拆除设备的主要参数数据（设备编码、资产编号、设备型号、投运日期）以及初步处置建议。

每年 1 月 15 日前，提交省公司计划本年度储备的省审项目，要求有专业审核意见（具体格式内容详见可研报告标准模板附件），改造大修设备相关的 PMS 缺陷记录、投运时间证明以及产品设计寿命证明。

3. 生产技改大修项目名称应遵循哪些原则?

（1）生产技改大修项目名称编报规范详见《国家电网公司项目命名及编码规则》[《国家电网公司关于开展综合计划项目储备工作的通知》（国家电网发展〔2017〕260 号）附件]。

（2）项目名称应包括基层单位、站（线）、设备名称及调度号等内容。基本格式为：项目单位 + 设备（设施）坐落位置 + 设备（设施、部件）名称 + 工作内容。不宜出现年份，长度不应超过 50 字。

（3）技改项目名称不应出现“大修、修理、检修、维护”等描述；大修项目名称不应出现“改造、建设、新装、更换、新增、维护”等描述。

（4）项目名称中电压等级宜用英文字符“kV”表示。设备名称应统一使用规范名称。

（5）项目可研、估算书、批复、请示等资料的项目名称应与 PMS 基本信息中的项目名称一致。

4. 项目可研报告主要包括哪些内容?

项目可研报告原则上应达到初步设计深度，并按照资产全寿命周期管理要求，通过安全、效能和全寿命周期成本分析等进行改造或大修比较决策优化评价与方案论证。项目可研报告主要包括以下内容：

（1）说明书（工程概述、项目必要性、项目技术方案、项目拟拆除设备处置意见、工程实施安排、工程造价分析等）。

（2）拟拆除设备清单。

（3）主要拟拆除设备评估鉴定表。

（4）主要设备材料清册表（应满足采购招标要求）。

（5）投资估算书。

（6）图纸资料。

（7）其他相关资料（详见可研报告标准化可研模板）。

项目可研应依据公司、行业相关标准、定额编制项目估算书，合理确定工程造价，严禁随意估列费用。

5. 生产技改大修项目打捆立项的标准是什么?

生产技改大修项目必须针对单一项目单位，同一项目单位内部的生产技改大修项目可按站、线或同类设备立项，不允许将一个独立项目（同一台设备、同一条线路）分解成几个项目，不允许非一个单位的设备打捆立项。

6. 可研编制的立项依据如何选取？

项目立项依据与设备现状问题应该契合，特别是可研报告中列举的立项依据应与基本信息中的立项依据保持一致，对于同一设备存在多种问题需援引多条立项依据的，应全部列举。拟改造大修设备存在的问题、缺陷应与 PMS 系统内缺陷记录保持一致，可研编制立项依据条款选取应与拟改造大修设备的 PMS 缺陷记录相符合。

（三）储备项目可研审批

1. 项目可研评审主要内容是什么？

项目可研评审着重论证项目必要性、可行性，确定项目主要技术方案及投资估算，并对拟拆除设备提出处置意见，主要包括：

（1）项目立项是否符合本单位生产技术改造和设备大修原则。

（2）项目可研编制所依据的规程、规范、标准的执行情况。

（3）项目可研文件是否完整，编制深度是否满足规定要求。

（4）项目涉及设备（设施）运行现状、技术资料、故障缺陷分析以及存在问题。

（5）项目实施条件及临时过渡方案。

（6）项目多方案比较是否满足安全、效能和全寿命周期管理要求。

（7）核定项目工程量、工程投资、取费标准、材料价格及有关赔偿情况。

（8）相关外部协议。

2. 项目可研评审的主要流程是什么？

（1）限上项目评审流程：限上项目可研由国网设备部组织审查和批复。报审国家电网有限公司前，限上项目需由省公司先行审查，待项目可研审查通过后方可报国家电网有限公司审查。

（2）省审项目评审流程：在限上项目和省审项目报送省公司审查前，各单位应切实做好可研内审工作，提高可研质量。评审前一周，提交项目可研报告、汇报幻灯片、盖章材料、劳动关系证明或转包协议扫描件。评审采用“无收口”方式，当场出具评审意见。项目通过评审，项目单位3日内完成项目可研收口报告（收口报告中投资为项目评审后投资），报送省公司、省经研院；次周一由省经研院完成咨询意见线上起草，核对可研收口报告，履行线上审核程序。两周内完成正式咨询意见出具并发至各单位。

（3）各地市评审项目流程：按照动态储备原则，成熟一批项目即可组织进行评审。各地市运检部组织相关专业、经研所、财务等部门，会同发展部、配网办对储备项目进行评审。审核期间主要以生产技改大修项目可研编制与审批规定、深度规定、估算书编制规范、专业治理文件等为标准，并满足储备项目编报规范、审查要点等相关内容要求，严禁储备项目同配网项目及基建项目重复立项。

3. 项目可研批复有哪些要求？

各级设备部门根据审批权限批复通过评审的项目可研，批复文件内容包括项目必要性、项目规模、投资估算。除应急项目外，下年度储备项目可研批复工作应于每季度储备报送前完成。省公司审查的限下项目需在报送年度计划前完成批复。

限上项目批复流程：限上项目可研由国网设备部进行批复。

省审项目批复流程：各单位组织项目可研报告编制和初审，并向公司提出评审申请，公司委托国网河南经研院进行项目可研审查，国网河南经研院出具评审意见，各单位依据评审意见行请示文，省公司收到请示文后进行批复。

各地市批复项目流程：按照动态储备原则，项目可研编制完成，经研所出具评审意见后即可进行批复。

储备项目应开展可研编制等前期工作，并根据项目审批权限进行项目可研评审，完成可研审批的项目方可纳入项目储备库，并在全面评估的基础上按照轻重缓急进行评分（级）排序。省公司审查的限下项目，待省公司经研院出具正式评审意见后即可纳入储备，待省公司批复下达后可纳入下年度计划。

（四）储备项目 PMS 系统录入及审核

1. 储备项目 PMS 系统录入节点要求有哪些？

按照动态储备原则，新增储备项目随时可录入 PMS 系统。3 月 20 日，6 月 20 日，8 月 20 日前，各单位按照审批范围完成批复的限下项目和出具评审意见的省审项目可报送省公司储备库。

2. 储备项目 PMS 系统录入流程和规范要求有哪些？

储备项目录入 PMS 系统，设备部计划专业组织各相关专业及县公司计划专业人员，将储备项目在 PMS 系统中录入。按照 PMS 系统技改大修一体化管理系统权限划分，市公司储备项目录入完毕后即可分派审核，县公司项目在各县公司权限下录入系统提报至市公司后，由市公司统一进行分派审核。储备项目分派至专业性、规范性、财务合规性审核，待三方面审核通过后方可报送至省公司。

PMS 系统中录入规范要求参照《国家电网公司生产技术改造和设备大修项目编报手册》及《生产技改大修储备负面清单》。

3. 省公司年度项目储备库什么时间固化（封库）？

省公司组织各单位根据生产技改大修原则，动态开展储备项目可研编审工作。按季度开展全省储备项目“横向、纵向”初审及复审工作，将通过审批的项目纳入省公司储备库，并报送国网设备部审核。在 8 月底前，国网设备部及各有关部门、分部、各单位按照项目审批权限，完成相应项目可研审批和公司、各单位项目储备库固化。8 月份以后储备的项目，除国家电网有限公司及省公司专项治理要求及各专业重点工作新增项目以外，均作为下一年度的储备项目。

4. 储备项目 PMS 系统审核节点有哪些？

储备项目在每年 3 月 20 日、6 月 20 日、8 月 20 日三个季度节点报送国家电网有限公司。报送国家电网有限公司前三周完成各公司录入及内审工作并报送省公司。省公司在报送国家电网有限公司前两周组织精益化评价会，纵向分组审查储备项目的专业性、规范性。报送国家电网有限公司前一周，修改完第一轮审查问题后进行储备项目复审，复审问题修改完毕后报送国家电网有限公司。

5. 储备项目 PMS 系统审核流程有哪些？

（1）项目查重，除设备事故抢修、新反措执行及专项治理外，五年内同一设备不重复改造或大修。

（2）项目内容、可研报告与可研批复一致性审查。主要审查：PMS 项目内容、可研报告名称、内容与可研批复是否匹配、一致，项目名称是否规范。项目清单中有无压线导致批复内容不完整情况，项目资金是否为整数，所有项目评分需高于 85 分。

（3）电压、专业、规模、成效正确性审查。主要审查：对照编报规范审查电压、专业细分是否正确。项目可研内容与设备关联比对完整性、正确性，设备关联、规模、成效一致性，规模、成效正确、规范。

（4）可研结构完整性审查。主要审查：可研说明书与附录完整，无逻辑错误，附录名称和项目名称保持一致；立项依据和项目现状、问题、改造方案保持一致，并与系统录入内容保持一致；PMS 项目基本信息、关联设备基本信息、可研基本信息、拆除清单和评估表保持一致。PMS 缺陷记录、设备投运日期与可研内容对应一致。

可研报告应包含：

1）专业意见。

2）可研报告委托协议。

3）跨年资金分配内容。

4）造价分析及比较内容。

5）材料清册补充是否标准物料列。

6）项目实施时间安排。

7）核查安装工程中乙供材金额是否超过安装费和拆除费的 5%。

8）设备选型要明确写出设备选型原则中的依据条款。

9）输电线路提供财务盖章的资产原值卡片复印件。

10）需改造超过 5 基杆塔的需要取得当地规划部门许可文件。

（5）估算书规范性审查。主要审查：估算书规范性，造价合理性，定额适配（其他费用中，招标费、后评价费不取，取费符合《国网运检部关于印发生产技改大修项目估算编制指导意见和储备项目评分定级规则的通知》（运检计划〔2017〕75 号），盖章、签字页完整，校核人员盖资格证书印章，估算书与可研说明书、批复金额保持一致，估算书总表内各分项费用全部取整。

（五）可研报告计划建议与“三重一大”决策

1. 可研报告计划建议与综合计划草案、专项计划报告是什么关系?

综合计划草案包括主报告和专项计划报告。专项计划报告是主报告的重要支撑性文件，由专业部门按职责分工编制，主要内容包括本年度计划执行情况和存在的问题，下年度计划编制的依据、安排原则、相关因素分析、计划建议、落实措施等。可研报告计划建议是综合计划草案、专项计划报告的组成部分。

2. 可研报告计划建议由谁编制?

按照《国家电网公司综合计划管理办法》，各专业部门负责提出相关计划指标和专项计划建议，编制专项计划建议报告。

3. 可研报告计划建议编制时间及程序?

每年9月中旬前，各级专业部门根据规划和经营发展需要，提出项目需求建议，按照项目管理权限，开展可研编制，完成项目可研评审及批复后，并优化排序，送本单位发展部审核，报国家电网有限公司专业部门审定，纳入公司项目储备库。省公司、直属单位专业部门形成专项计划建议，履行决策程序后报国家电网有限公司专业部门，送本单位发展部。

4. 2020年计划建议编制时有哪些注意事项？

（1）为解决1～9月资金入账较低的顽疾，避免2020、2021年1～9月资金入账仍然偏低现象，2020年新开工项目当年资金平均不超过2020年新开工项目资金40%（注意是平均，不是每个项目）。即2020年及以后新开工跨年项目当年资金与续建资金比平均为4∶6。

（2）各单位要扎实推进“整站、整线”和整电压等级类项目，省公司层面将向此类项目倾斜资金。

（3）各单位2020年计划额度将受2019年资金均衡入账情况影响较大，编制计划建议时，核实本单位资金均衡入账情况。

（4）统筹安排新技术、新要求类项目，满足专业纳入计划建议，但注意年度资金分配，汲取近年来一些反复项目造成的被动。

5. “三重一大”集体决策有哪些要求？

三重是指重要决策方面、重要干部任免、重要工程项目，以及大额度资金使用。

集体讨论“三重一大”问题，应根据不同内容、不同情况选择不同的方式，主要有党委会议、股东大会、董事会、总经理办公会、职工代表大会等。

“三重一大”集体决策的一般程序包括：提出动议；有关职能部门进行可行性研究、评估和考察，并提出或制订可行性方案；按分管渠道初审；提交集体讨论决定。

四、项目计划管理

（一）综合计划“三上三下”程序

1. 综合计划分为哪几个阶段？

公司综合计划按照“三上三下”流程进行编制和下达，分为综合计划启动暨专项计划建议编制、综合计划总控目标确定、综合计划草案编制、综合计划审批与下达四个阶段。

2. “三上三下”具体是什么？

专项计划建议上报（一上），公司项目储备库固化下达（一下），总控目标建议上报（二上），形成总控规模，下发省公司、直属单位（二下），综合计划草案编制阶段（三上），综合计划审批，统一下达（三下）。

所谓“三上三下”即在县公司和市公司、市公司和省公司之间进行三次储备项目的上报和审核意见下达，最终完成储备项目入库。

（二）项目推送

1.“三上三下”程序履行完毕后，需经哪些部门完成项目推送？

需经过发展部、财务部和设备部。

2. 项目推送需经过哪些系统平台？

规划计划管理系统、项目储备平台、PMS 系统、财务管控系统、ERP 系统。

3. 项目推送所经各系统平台间存在怎样的逻辑关系？

（1）PMS 系统向规划计划管理系统传送项目信息。

（2）规划计划管理系统向项目储备平台、财务管控系统和 ERP 系统推送项目信息。

（3）财务管控 App 进行年度预算编制，通过系统接口将年度预算金额传送至项目储备平台，项目储备平台将项目预算等信息发布至 ERP，满足项目创建。

4. 项目推送和 ERP 项目立项有何逻辑关系？

需完成项目推送，将项目信息和预算推送发布至 ERP 系统后，方可进行 ERP 项目立项。

5. 预算控制优化的措施有哪些？

（1）经与财务部沟通并优化，形成生产技改大修投资估算（综合计划下达金额）控制全过程造价，招标采购订单提报不受预算控制。预算仅控制支出（资金入账或办理出库方占用预算额度）的科学管控机制，有力地提升精准投资水平。

（2）年度预算编制，单项控制策略为：

1）新开工年度投资计划的 115%。

2）续建为总投资减去已发生费用。

（上述两项受年度总预算控制）

3）结转项目预算策略为据实编制。

长期挂账和往年预算未使用项目。

（3）预算调整：

1）预算滚动法，利用年度预算滚动，调减新开工或实施难度大的项目预算，优先分配给长期挂账和当年预算不足项目。

2）预算，调减其他项目预算，分配给长期挂账和当年预算不足项目，入账、关闭后，预算还给其他项目。

3）预算调整，零和游戏，有增有减。

（三）项目立项

1. 生产技改大修立项工作如何开展？

生产技改大修立项工作由各市县运检部，及省检修公司、节能公司等相关单位管理，由各单位技改大修专责负责具体实施。

经国家电网公司或省公司批准实施的项目，应在批准实施的第一年项目开始时在 ERP 系统（国网河南省电力公司企业资源管理系统）中进行立项，立项工作应在项目预算下达后 5 个工作日内完成。

2. 在项目构造器中需要填写哪些项目信息？

需要强制性填写电压等级、变电容量、线路长度、项目申请单位、项目所属地域、立项年度、国网项目类型、省公司归口管理部门等信息。

3. 如何查看项目下达的预算金额及已使用金额？

通过代码 CJE0 查看。输入代码 CJE0，控制范围选择 1700，双击 ZPS001，数据库概要选择“000000000001 标准选择（结构）”，输入项目编号，即可查看。

4. 如何在项目中提报物资类需求？

通过代码 ZPS17030 提报。在文本框输入项目编号，选择导入设备清册，选择需要导入的清单文件。在页面核对无误后保存。重新进入，选择设备清册提交审批，核对无误后提交工作流。经县公司运检部主任—县公司物资部主任—市公司运检部专责—市公司物资部专责—省公司设备部专责五级审批后（地市单位只需三级审批），完成提报。

5. 如何在项目中提报服务类需求?

通过代码 ZPS17052 提报。在文本框输入项目编号,选择服务采购申请导入,点击执行。点击模板下载,按照模板要求填写表格，确认无误后保存。返回系统选择模板导入，导入需提报的文件，确认无误后点击“确认上传”。重新进入，选择服务采购申请审批提报，核对无误后提交工作流。经县公司运检部主任—县公司物资部主任—市公司运检部专责—市公司物资部专责—省公司设备部专责五级审批后（地市单位只需三级审批），完成提报。

6. 如何查看已提报需求的采购申请号?

在 CJ20N 里打开需要查看的项目，打开折叠，点击想要查看的需求的名称，在右侧点击外部，下方可查看采购申请号及所在行号。

7. 如何修改维护已提报的物资及服务需求的信息?

通过 ZMM17042 进行修改维护。输入工厂代码、项目定义及采购申请号，进入后可对需求信息进行修改。已提交工作流的需求无法修改，只能退回后再次修改。

8. 如何审批已上报的工作流？

进入 ERP 系统后，点击 SAP 系统，点击左上方第三个图标 SAP 工作台。在收件箱里可查看审批已提报的工作流。批准后选择发送至下一级审批人。

通过 ME52N 里的批准策略一项可以查看已提报采购申请的五级审批进度，物资类需求也可在 ZPS17030 里查询。

9. 如何关闭已完成项目？

通过 CJ20N 进入项目构造器，点击最左侧“打开项目”图标，输入项目编码打开项目。右侧系统状态选择关闭，点击上方编辑按钮，点击“状态”—“技术性完成”—“集合”—“关闭”—“集合”，完成关闭操作。

（四）里程碑计划编制

1. 生产技改大修项目里程碑编报有何要求？

项目计划下达后 30 个工作日内完成里程碑节点计划编制，各节点时间间隔满足专业管理要求的投产期限和技改大修管理规定要求的时间间隔。

2. 生产技改大修项目里程碑计划何时调整？

每季度前两周调整当月及以后节点里程碑计划（即 1 月、4 月、7 月、10 月的前两周调整，包含增加、删除、修改节点计划，时间节点延后、提前等）。

3. 生产技改大修项目里程碑计划编报时，各节点时间有什么要求?

初设审批节点为选填项，需满足不迟于项目计划下达后 90 天。

结算编报节点为必填项，不早于竣工投运时间，不晚于竣工投运后 45 日。

资料归档节点为选填项，技改项目不晚于竣工投运后 3 个月，大修项目不晚于竣工投运后 30 天。

4. 综合计划调整应注意哪些方面？

以“谁下达、谁调整”的原则，分为调增（新增项目）、调整（原项目变化）、调减（删除项目）。调整需注意以下问题：①本单位限下项目的总规模不变，单个项目金额发生变化，自行调整。单项调整规模不超过 15%，先履行本单位综合计划调整，然后调预算。②突破本单位限下项目的总规模，或限上项目明细调整，待总部下达年度调整计划后，调整实施。

五、项目实施管理

（一）招标采购

1. 服务框架协议及定点采购工作流程是什么？

（1）招标形式的确定。服务招标采购方式包括公开招标、框架协议谈判和定点采购等类型。根据项目批复内容和预算，确定服务类招标方式。施工类服务预算在200万元以上及防腐类等特殊施工服务，设计、监理类服务预算在50万元以上，以及限上项目所有服务需求应上报公开招标。施工类服务预算在200万元以下，设计、监理类服务预算在50万元以下的应上报框架内二次谈判。按国家电网公司要求应采用定点采购的上报定点采购。

（2）向物资部门上报招标需求。首先在ERP系统中录入采购需求，将系统导出清单上报至物资部门进行审核。待物资部门审核通过后，在ERP系统提报采购申请审批，采购申请经过上级审批完成后，提交至物资部门进行招标。

（3）中标结果的确定。物资部门根据需求部门不同类别的招标需求，按招标采购规定进行服务招标。招标结束后进行中标结果公示和中标通知书分发。作为需求部门应及时关注省公司物资网站公布的中标结果，且加强与物资部门对口人员沟通，以便尽早获知中标结果。

（4）合同签订。待中标结果确定后，同中标服务商联系，先进行中标通知书和服务商身份确认。确认无误后，严格按经法系统流程进行合同起草和线上签批手续。合同通过经法系统流转结束后打印装订，并会同中标服务商进行合同签章保存。

2. 如何防止项目需求应报未报、漏报？

（1）每年项目计划下达后，项目单位应明确所有技改大修项目物资及服务的采购方式、批次、申报时间及招标时间、物资供应周期，核对物资及服务采购漏项。

（2）由设计单位做好物资及服务技术规范书，设计单位编制的技术规范书应符合物资部门的相关要求，并结合项目初设审查对技术规范书同步进行审查，以确保项目下达及具备物资上挂条件。

（3）采取框架招标方式的服务需求在采购后应做好服务匹配工作，确保各框架中中标单位工作量分配合理。

（4）计划管理人员在批次开放后，应及时在ERP系统中录入物资及服务采购申请。

3. 需求计划的提报形式是什么？

所有须签订合同及付款的物资类和服务类，无论项目类型、资金性质、金额大小均须提报需求计划并通过采购（招标或谈判）方式确定供应商。所有需求计划均须通过 ERP 系统创建采购申请并提报至物资供应中心相关计划专责。

4. 物资、服务类需求提报范围及批次分哪些?

根据现有采购目录及相关文件要求，目前分为以下几种采购批次：

（1）物资类：

1）“总部统一组织实施”批次（国直），每年六批次。

2）“总部统一组织监控，省公司具体实施”批次（国委），每年六批次。

3）协议库存分配批次，每月两批次。

4）超市化采购，随时选购。

5）信息化、固定资产零购等专项采购批次。

（2）服务类：

1）“总部统一组织实施”批次（国直），每年六批次。

2）“总部统一组织监控，省公司具体实施”批次（国委），每年六批次。

3）服务类框架二次谈判批次，每月一批次，15 日截止上报。

4）其他零星、专项批次。

5. 服务类招标有哪些形式?

服务类招标可分为公开招标、服务框架招标和授权采购三种。

6. 必须公开招标的服务范围是什么?

施工类投资在 400 万元及以上的必须公开招标，设计、监理投资在 100 万元及以上的必须公开招标。

7. 物资中标结果出来后项目单位有什么工作?

及时给中标厂家联系，协调设计院与物资供应厂家进行图纸确认，协调物资交货地点及交货时间，参与物资到货验收。

（二）合同签订

1. 服务合同签订的时间节点有何要求?

服务合同应在中标通知书下达 30 日内签订，其中设计合同签订时间不能早于项目创建及设计需求提报时间，施工、监理合同签订时间不能早于设计合同签订时间。

2. 服务类合同有哪些注意事项?

（1）合同内容应与项目内容存在对应关系。

（2）合同金额，甲乙方的签字、盖章应齐全。

（3）合同价格承包方式必须与中标通知书一致。

（三）开工准备

1. 初步设计由哪个单位评审并出具意见？由哪个单位批复？

限上项目初步设计由省公司组织省级经研院审查，省级经研院出具咨询意见，省公司设备部批复。限下项目由市公司组织市级经研所审查，市级经研所出具意见，市公司运检部批复。

2. 项目初设评审的主要内容是什么？

（1）设计规程、规范、标准、技术导则及技术标准执行情况。

（2）建设规模和工程投资与批复的可行性研究报告的一致性。

（3）设计内容深度满足规定要求情况。

（4）设计基础资料的完整性、准确性。

（5）技术方案优化比较情况。

（6）核实项目工程量完整性、准确性。

（7）核实项目方案与相关领域技术要求的一致性、先进性、适用性。

（8）临时过渡方案。

（9）拆旧设备（材料）清单数量是否准确，处置意见是否科学合理。

（10）核实概算编制依据、费用构成、计算标准、项目及费用性质划分、概算表格的规范性等；核实各项费用的计算标准，有无漏项或重复计列。

3. 停电计划由哪个部门编制？哪个部门审核？

停电计划由各地市公司设备部编制，调控中心审核。

4. 技改大修工程开工申请的审批流程是什么？

由工程施工单位提报开工申请，经工程项目单位、监理单位相关负责人签字并盖章后方可开工。

5. 生产技改大修项目“四措一案”由哪个单位编制？哪个单位审核？

生产技改大修项目“四措一案”由施工单位编制，设备运维单位审核。

（四）项目实施

1. 项目开工报告有哪些要求？

（1）开工报告由施工单位编制，项目管理单位批准。

（2）开工报告包括项目名称、计划开工时间、大修主要内容、是否具备开工条件，需项目施工负责人签字，项目施工单位、项目管理单位盖章。

（3）开工报告名称、内容应与项目计划一致；

开工报告中施工单位、监理单位（如有）、业主单位三方签字、盖章应齐全；开工日期应在合同签订日期之后。

（4）设备中标厂家负责安装调试的和自行实施的项目也应编制开工报告。

2. 生产技改大修项目形象进度与项目投资进度之间的对应比例关系是什么？

序号	形象进度	投资进度（%）
1	前期（包含初设）	0
2	招标采购	10
3	签订合同	30
4	到货	50
5	施工	70
6	投运	100
7	结算	100

3. 如何强化项目实施进度管控？

突出里程碑计划抓手作用，科学编制、严格考核。每个节点要明确责任人，按照重要节点进行督导，正确处理安全、质量、进度的关系，完善月统计、季分析机制，确保项目实施可控、在控。6月份之前完成所有物资、服务类采购申请提报。

4. 生产技术改造项目在实施中因有特殊原因需改变设计内容时，需进行哪些变更手续?

生产技术改造项目在实施中不得擅自变更设计，初步设计改造范围及技术方案应与批复的可研一致，初设概算不得超过可研估算。对于因特殊原因造成设计内容发生变化的，设计单位应提出补充设计并按照初步设计审查程序重新进行审查，可研审批单位应指派人员参加评审；对于改造范围扩大、设计方案重大调整以及突破可研估算 10%及以上的项目须重新履行可研审批程序，其中达到限上项目标准的由国网设备部组织可研审批。

5. 签证变更有哪些注意事项?

（1）检查工程量签证及设计变更文件，项目实施过程中发生设计变更应由设计、监理、施工、项目单位依次签署确认。设计变更文件应说明工程名称、变更的卷册及图号、变更原因、变更提出方、变更内容、变更工程量及费用变化金额，并附变更图纸。设计费用变化的设计变更，必须附有变更工程量清单和变更费用计算书。

（2）设计变更日期应在初步设计批复日期之后、竣工日期之前。

（3）工程量签证日期应在开工日期之后、竣工日期之前。

6. 如何强化项目实施过程中的安全、质量管控?

项目实施过程中要加强分包管理，试点推行220kV及以上技改项目不分包制度，严禁违规转分包，紧盯现场安全管控，落实“同进同出”等现场安全管理规定，确保项目实施安全可控、能控、在控。认真落实三级验收，督导监理单位履职尽责，确保零缺陷、零隐患投入运行，确保项目质量。

7. 项目施工管理中，为保证施工质量及施工安全，对外包施工队伍有何要求?

对于外包工程，应严格外包施工队伍的资质审查，将外包施工单位的安全管理纳入本单位安全生产管理体系统一管理，并按照公司合同管理规定，加强项目合同执行情况检查、监督和考核。严禁以包代管，可派出本单位技术人员或聘请有资质的监理公司对施工全过程进行质量监督和控制。现场质量技术监督人员应具有丰富的理论基础知识和现场施工经验，熟悉所检修设备的检修工艺和技术要求。

8. 生产技改大修项目施工管理过程中，项目单位的主要责任有哪些?

（1）项目单位应加强施工单位管理，严格施工单位资质审查，并将其安全管理纳入本单位安全生产管理体系统一管理。

（2）项目单位负责组织对施工图设计、施工方案审查，落实施工组织、技术和安全措施，确保施工现场安全。

（3）生产技改大修项目应加强全过程安全、质量、进度监控，实行施工、监理（针对规定项目）和项目单位验收，对于自行施工的项目实行班组、工区（分部、运维站）、项目单位三级验收。

（4）项目单位应按照公司合同管理规定，加强项目合同执行检查、监督和考核。

（五）竣工投运

1. 监理报告有何要求？

（1）生产技术改造项目监理目录、生产设备大修项目监理目录中建议监理的项目应提供监理报告。

（2）监理报告名称、内容应与项目一致。

（3）编、审、批签字应齐全，编、审、批日期应符合逻辑。

2. 竣工报告由哪个单位编制？哪个单位审核？

竣工报告由施工单位编制，由项目管理单位审核。

3. 项目资金入账的要求有哪些？

及时、均衡开展项目结算、决算，树立年度“11个月”概念。全面推行服务类“3：6：1”方式入账，物资类按时办理出入库，加快项目关闭和资金入账，做到程序合规，结算经审计部门审计并出具审计报告方可对外支付费用，避免未批先建、未干先决、虚列项目成本等情况出现。

六、项目后期管理

（一）项目结算

1. 生产技改大修项目施工结算编报时间的要求是什么?

生产技改大修项目结算报告应在竣工验收合格 30 日（限上 45 日）内完成。施工单位编制完成项目竣工结算书，物资、设计、监理等单位配合编制相应项目结算资料，报送项目管理部门审核。

2. 项目竣工结算报告有哪几部分组成?

（1）报告封面，包括项目名称、编制单位名称和印章、日期等。

（2）签署页，包括技术改造项目名称，编制人、审核人、审定人姓名和执业印章，单位负责人印章（或签字）等。

（3）项目结算编制说明（包括工程概况、结算编制原则和依据等）。

（4）项目竣工结算表。

（5）其他相关表格和资料。

3. 各地市单位所属单位设备部门的主要职责是什么？

各单位设备部计划专责组织项目结算编制管理；各过程管理专责督导施工单位编制施工结算书并签署审核意见，协同审计部门完成项目全过程造价审计并出具审计报告，协同财务部门加快推进项目资金入账及均衡开展项目关闭。

4. 各单位所属单位审计部门的主要职责是什么？

审计管理部门为审计归口管理部门，负责组织开展生产技改大修项目结算审计工作，负责生产技改大修项目专项审计，预防风险，生产技改大修项目结算报告审计工作自提交之日起 15 日内完成，并签署意见。

5. 生产技改大修项目竣工验收合格后，项目单位应向财务部门提交什么材料？

项目竣工验收合格后，项目单位应组织设计、监理、施工、调试等各方编制工程结算书，即以合同约定为依据，对竣工报告、施工图、设计变更、工程量验收清单、设备材料等费用进行核准，核准的结算资料经项目单位审计部门组织审计后，形成项目结算报告提交财务部门。

（二）项目关闭

1. 项目关闭应具备的条件是什么?

项目关闭应具备的条件：所有设备材料物资已经收发货完毕；项目已经竣工验收；项目设计、监理、施工、其他技术服务费用已经入账完毕。

2. 项目关闭环节各部门的工作流程与职责是什么?

各地市单位运检部门负责将审计后的项目结算资料、项目竣工验收报告、合同、原始发票等结算资料提交财务部门。各单位财务部门负责办理项目价款结算。各单位物资部门负责对项目物资进行结算，办理物资收发货。

（三）决算转资

1. 项目决算转资中各部门的职责如何划分?

（1）公司发展部牵头项目转资清理工作。

（2）设备部配合对年度综合计划内生产技改项目执行情况进行梳理，定期通报未及时转资项目，组织各单位向财务部门提交竣工验收投运单，负责结算管理及限上项目结算审核工作，项目结算报告应在竣工验收合格 30 日（限上 45 日）内完成。

（3）财务资产管理部门负责组织开展生产技改项目决算、转资工作，项目竣工验收投运后 15 日内按照项目成本发生金额完成暂估转资，3 个月内组织完成项目竣工决算报告的编制和转资。

2. 项目单位在什么情况下可以提交财务部门办理转资手续？

项目单位在项目决算完成后，应按照公司固定资产管理规定要求，在 ERP 系统项目管理模块中生成资产移交清册，与现场实物、PMS 和 PM 台账核对一致后生成资产卡片，提交财务部门办理转资手续。

3. 竣工决算的编制原则和编制依据是什么？

竣工决算的编制原则为：一个概算内的工程项目，编制一个工程竣工决算报告。

竣工决算报告编制依据包括：

（1）经批准的项目可行性报告、初步设计和概算文件、施工图预算、设计变更、项目投资计划等文件资料。

（2）签订的施工、设备等合同或协议（含补充合同或协议）、招投标文件（书）及竣工结算相关资料。

（3）会计核算资料。

（4）工程监理总结报告、施工总结报告、竣工验收报告等。

（5）设备、材料核对清单。

（6）连续编号的设计变更签证单。

4. 竣工决算报告说明书主要包括什么？

工程概况、项目总体评价、各项财务和技术经济指标分析、预留未完工程的说明、结余物资及废旧物资清理退库情况、竣工决算报告编制依据、审计意见处理情况及其他需要说明的事项。

（四）物资回收

1. 设备部在废旧物资管理中的职责是什么？

设备部是本单位电网实物资产退役的归口管理部门，负责专业分工内电网实物资产退役管理工作，组织拟退役资产技术鉴定；对于涉及电网实物资产退役的技改、配网建设项目，组织编制拟拆除资产清单，明确处置意见；组织电网实物资产退役计划编制、汇总，负责专业分工内的电网实物资产报废审批，组织退役资产再利用，组织电网实物资产退役管理业务培训和工作交流。

2. 废旧物资如何管理？

项目管理部门应组织做好拆除电网实物资产的临

时保管和移交。鉴定为报废的，依据报废审批手续组织将拆除电网实物资产移交至物资部门统一处置；鉴定为再利用的，依据技术鉴定结果与物资部门办理入库保管手续。鉴定为再利用的包括工程再利用和留作备品两种方式。工程再利用时，相关部门根据职责分工在项目可研阶段，优先选用库存可再利用退役资产。留作备品的，作为电网备品备件的重要来源。

3. 生产技术改造项目设备拆旧管理如何规定?

（1）对于生产技术改造项目涉及的拆旧工作，应根据立项阶段技术鉴定结论及处置意见编制拆旧方案及拆旧清单。

（2）项目单位根据审定的拆旧方案负责组织拆旧工作，并按照公司物资管理等有关规定对拆旧物资办理移交手续。

（3）拆旧费用在生产技术改造项目固定资产清理费用中列支，严禁以料代工。

（4）生产技术改造项目相关退役设备按照公司有关管理规定处置。

4. 生产设备大修拆旧物资管理的相关要求是什么?

（1）对于生产设备大修项目涉及的拆旧工作，应根据立项阶段技术鉴定结论及处置意见编制拆旧方案及拆旧清单。

（2）项目单位根据审定的拆旧方案负责组织拆旧工作，并按照公司物资管理等有关规定对拆旧物资办理移交手续。

（3）拆旧费用在生产设备大修项目内列支，严禁以料代工。

（五）资料归档

1. 什么是生产技改大修项目档案资料?

生产技改大修项目档案是指生产技改大修项目在项目前期管理、项目计划管理、项目实施管理、项目结（决）算管理等全过程中形成的应归档保存的文字、图表、声像等不同形式和纸质、光盘等不同载体的全部文件资料。

2. 生产大修项目档案资料包含哪些内容?

根据《国家电网公司生产技术改造和设备大修项目档案管理规定》(国网〔运检/3〕918—2018)要求，结合档案审查要点，生产技改大修项目档案资料主要包含以下内容：

（1）可研报告（项目建议书）、项目估算书。

（2）可研批复文件。

（3）综合计划文件。

（4）设计合同及中标通知书。

（5）初设报告、概算书。

（6）初设评审文件、批复文件。

（7）监理合同及中标通知书（如有）。

（8）施工合同及中标通知书（如有）。

（9）三措一案。

（10）施工图、方案审查纪要。

（11）开工报告。

（12）监理报告。

（13）工程量签证、设计变更相关资料（如有）。

（14）竣工验收申请。

（15）竣工验收报告。

（16）全费用竣工结算报告。

（17）结算审计意见。

（18）货物交接单、到货验收单。

（19）设备合格证、出厂报告。

（20）拆旧设备移交单。

3. 生产技改大修项目档案管理工作开展的原则是什么?

（1）项目档案管理工作实行统一管理、分级负责，按照“谁主管、谁负责、谁形成、谁整理”的原则开展档案管理工作。

（2）项目档案管理工作须纳入项目过程管理，与项目实施同步进行，按照“一项目一档案”归档。

在签订项目设计、施工及监理等合同时，应设立相应条款，明确参建单位项目档案移交职责。

（3）项目档案管理必须严格执行国家保密法律法规和公司保密工作相关规定。

4. 如何开展项目档案管理？

项目申请立项时，即应开始进行文件材料的积累、整理、审查工作，项目竣工验收时，完成文件材料的归档和验收工作。

5. 项目档案的归档文件质量要求有哪些？

归档文件应完整、准确、系统、安全和高效利用，原件（正本）归档，应加盖印章；电子归档要求提供扫描件，应在封面加盖印章。

6. 生产技改大修项目归档依据主要包括哪些？

生产技改大修项目归档依据主要包括：

《中华人民共和国档案法》；

《国家重大建设项目文件归档要求与档案整理规范》（DA/T 28—2002）；

《科学技术档案案卷构成的一般要求》（GB/T 11822—2008）；

《国家电网公司档案管理办法》[国网（办/2）417—2014]等法律、法规及国家电网公司有关制度。

7. 技改大修项目档案验收及移交有哪些要求?

（1）各级生产技改大修项目归口管理部门负责本单位项目档案验收管理工作。项目参建单位负责对项目资料收集、分类、组卷并进行自验，并根据项目管理单位验收意见补充完善项目资料；项目管理单位组织对项目资料的真实性、准确性、完整性进行验收；项目归口管理部门负责对本单位项目资料的真实性、准确性、完整性进行审查；档案管理部门负责对档案的案卷质量进行验收、接收、保管。

（2）各部门、参建单位应将项目过程产生的资料在规定时间内向项目归口管理部门、项目管理单位移交。项目资料通过审查后，由项目归口管理部门组织项目管理单位向档案管理部门完成移交，并履行移交签字确认手续。

（3）项目管理单位在生产技改项目竣工投运后3个月内，生产大修项目竣工投运后1个月内完成归档移交工作，跨年项目由于周期长可分阶段、分单项归档。

七、其他注意事项

（一）安全质量管理

1. 项目安全质量管理的要求有哪些？

项目单位应制定工程项目质量和安全管理目标，督促施工单位建立健全质量和安全保证体系。严格施工单位资质审查，并将其安全管理纳入本单位安全生产管理体系统一管理。项目单位负责组织对施工图设计、施工方案审查，落实施工组织、技术和安全措施，确保施工现场安全。项目单位应按照公司合同管理规定，加强项目合同执行检查、监督和考核。

2. 项目单位的安全责任有哪些？

（1）项目单位应按合同约定履行安全职责，授权监理人按合同约定的安全工作内容监督、检查承包人安全工作的实施，组织承包人和有关单位进行安全检查。

（2）项目单位应对其现场机构雇佣的全部人员的工伤事故承担责任，但由于承包人原因造成发包人人员工伤的，应由承包人承担责任。

（3）发包人应负责赔偿以下各种情况造成的第三者人身伤亡和财产损失：

1）工程或工程的任何部分对土地的占用所造成的第三者财产损失。

2）由于发包人原因在施工场地及其毗邻地带造成的第三者人身伤亡和财产损失。

3. 施工单位的安全责任有哪些?

（1）承包人应按合同约定履行安全职责，执行监理人有关安全工作的指示，按合同约定的安全工作内容编制施工安全措施计划，报送监理人审批。

（2）承包人应加强施工作业安全管理，特别应加强易燃、易爆材料、火工器材、有毒与腐蚀性材料和其他危险品的管理，以及对爆破作业和地下工程施工等危险作业的管理。

（3）承包人应严格按照国家安全标准制定施工安全操作规程，配备必要的安全生产和劳动保护设施，加强对承包人人员的安全教育，并发放安全工作手册和劳动保护用具。

（4）承包人应按监理人的指示制定应对灾害的紧急预案，报送监理人审批。承包人还应按预案做好安全检查，配置必要的救助物资和器材，切实保护好有关人员的人身和财产安全。

4. 工程质量验收的要求有哪些?

（1）工程质量验收按合同约定验收标准执行。

（2）因承包人原因造成工程质量达不到合同约定验收标准的，监理人有权要求承包人返工直至符合合同要求为止，由此造成的费用增加和（或）工期延误由承包人承担。

（3）因发包人原因造成工程质量达不到合同约定验收标准的，发包人应承担由于承包人返工造成的费用增加和（或）工期延误，并支付承包人合理利润。

5. 对承包人的质量管理要求有哪些?

（1）承包人应在施工场地设置专门的质量检查机构，配备专职质量检查人员，建立完善的质量检查制度。承包人应在合同约定的期限内，提交工程质量保证措施文件，包括质量检查机构的组织和岗位责任、质检人员的组成、质量检查程序和实施细则等，报送监理人审批。

（2）承包人应加强对施工人员的质量教育和技术培训，定期考核施工人员的劳动技能，严格执行规范和操作规程。

（3）承包人应按合同约定对材料、工程设备以及工程的所有部位及其施工工艺进行全过程的质量检查和检验，并作详细记录，编制工程质量报表，报送监理人审查。

6. 监理人的质量检查要求有哪些？

监理人有权对工程的所有部位及其施工工艺、材料和工程设备进行检查和检验。承包人应为监理人的检查和检验提供方便，包括监理人到施工场地，或制造、加工地点，或合同约定的其他地方进行察看和查阅施工原始记录。承包人还应按监理人指示，进行施工场地取样试验、工程复核测量和设备性能检测，提供试验样品、提交试验报告和测量成果以及监理人要求进行的其他工作。监理人的检查和检验，不免除承包人按合同约定应负的责任。

7. 工程隐蔽部位质量管理要求有哪些？

经承包人自检确认的工程隐蔽部位具备覆盖条件后，承包人应通知监理人在约定的期限内检查。承包人的通知应附有自检记录和必要的检查资料。监理人应按时到场检查。经监理人检查确认质量符合隐蔽要求，并在检查记录上签字后，承包人才能进行覆盖。监理人检查确认质量不合格的，承包人应在监理人指示的时间内修整返工，完成后由监理人重新检查。

（二）项目后评价工作

1. 什么是生产技术改造项目后评价？

生产技术改造项目后评价是指在生产技术改造项

目竣工投运一定时间后，对项目立项、实施过程、效益和改造目标等进行全面、系统、客观的分析和评价，以全面总结经验，提高投资决策和项目管理水平。

2. 生产技术改造项目后评价的注意事项是什么？

（1）对于公司选定的后评价项目，各级单位应全面加强资料收集，整理完整的、涵盖项目全过程（从项目申报日至评价截止日）的基础资料，通过招标等方式委托具有相应资质的第三方工程技术咨询机构或组织专家组开展评价工作。

（2）项目后评价费用按电网技术改造预算计算标准计取，从项目单位成本列支。

（3）参与项目后评价的工程技术咨询机构不得是该项目可行性研究报告（项目建议书）、初步设计文件的编制、评审及项目实施等参与单位。

（4）参与项目后评价的专家及报告编制者不得是该项目的决策者、前期咨询、设计或评审者，不得是该项目管理或运营阶段的参与者。

（三）项目造价分析

1. 什么是工程造价分析？

工程造价分析是指在各个不同阶段对确定工程造价的估算、概算、预算及决算的分析，用以评论确定工程造价的经济合理性。通过分析，寻求降低工程造价的可能与所应采取的措施。

2. 开展工程造价分析的目的是什么？

开展工程造价分析的目的是为了加强公司生产技术改造投资管理，提高投资效益。各单位开展工程造价分析，分析项目各项资金运用情况，核实结算与预算偏差，以总结经验、分析原因，提高技术改造项目投资管理水平。

3. 常用的造价分析方法有哪些？

常用的造价分析方法有对比分析法、比率分析法、定比分析法、环比分析法、描述性统计法、结构构成分析法、影响因素分析法。

4. 开展工程造价分析的思路是什么？

建立电网技改项目造价分析和大修项目成本分析体系，并对收集的数据进行整理和统计分析计算。运用描述性统计法、结构构成分析法、影响因素分析法等方法，分别得出不同电压等级的同类技改大修内容的造价（成本）水平、同一电压等级下不同技改大修内容占总体费用的比重关系、各类改造项目在费用分项结构等不同维度的造价（成本）水平和变化规律。

5. 根据技改大修项目特点，其工程造价分析工作有什么难点？如何解决？

由于技改大修工程具有改造目的不同、改造内容差异大、零散繁多的特点，在项目年度计划编制时通常按站、按线或同类设备打捆上报，一个项目中往往包含多种设备或不同电压等级的设备，其造价（成本）水平难以直接比较。为保证分析对象的可比性，可以根据项目投资规模及改造内容，选取以技改大修工程单项工作内容为核心、具有代表性、涵盖范围全的主要工程类型，形成造价（成本）分析体系。

6. 根据造价分析工作安排，省公司、省经研院及各地市公司的职责是什么？

（1）省公司：负责传达宣贯国家电网公司关于造价分析工作的相关要求，负责组织协调相关部门及单位开展造价分析工作。

（2）省经研院：省经研院负责造价分析基础数据汇总分析、编制造价分析主报告。

（3）地市供电公司、检修公司：地市供电公司、检修公司负责整理上报基础数据和提炼管理措施及建议。

7. 什么叫工程造价分析典型工程？

以单体设备为主要改造对象，且与约定的实施范围一致的工程项目，包含与其有直接从属关系需共同完成才能发挥作用的附属设施改造。

8. 在《生产技改项目造价分析内容深度规定》中，工程包含哪几种类别？

交流变电工程、变电站全站综合自动化改造工程、交流继电保护工程、交流输电工程、直流变电工程、换流站直流控制保护系统工程、直流继电保护工程、直流输电工程、通信工程、通信线路工程、调度自动化系统。

9. 清单结算模式下费用拆分的提取顺序是什么？

（1）确认项目内容中包含的典型工程的种类。

（2）根据典型工程的界定范围，从结算清单中剔除不在典型工程作业范围内的计费项目。

（3）根据典型工程的作业内容，将可以明确归属的设备费、建筑工程费、安装工程费、拆除工程费、措施费中的计费项目分别计入相应典型工程。

（4）对于不能确定具体归属的材料费、施工费、措施费，按照拆分规则成比例计入相应典型工程。

（5）按照各典型工程的分摊规则将其他费用成比例计入相应典型工程。

10. 定额结算模式下的费用拆分提取顺序是什么?

（1）确认项目内容中包含的典型工程的种类。

（2）根据典型工程的工作内容，将可以明确归属的设备费分别计入相应典型工程。

（3）根据典型工程的界定范围，从建筑工程费的直接工程费中剔除不在典型工程作业范围内的费用项目。

（4）根据典型工程的作业内容，将可以明确归属的建筑工程费的直接工程费用分别归入相应典型工程。

（5）对于建筑工程费中不能确定具体归属的直接工程费（主要材料费、施工费），按照拆分规则成比例计入计算相应典型工程。

（6）按照各典型工程的直接工程费在全部直接工程费中的占比，将总建筑工程费（直接费、间接费、税金）同比例拆分。

（7）按照建筑工程费的计算方法，相应计算各典型工程的安装工程费、拆除工程费。

（8）按照其他费用拆分方式，计算各典型工程的其他费用。

11. 当生产技术改造项目的实际实施内容多于典型工程的作业内容时，或实际实施内容包含多个典型工程的作业内容时怎样选取数据范围?

当生产技术改造项目的实际实施内容多于典型工程的作业内容时，需从结算数据中剔除多余工作对应的金额，仅将典型工程作业内容对应的金额纳入造价分析数据范围。当实际实施内容包含多个典型工程的作业内容时，应根据各典型工程的作业内容和约定的拆分规则，对结算数据进行拆分，并将拆分后相应金额纳入造价分析数据范围。

12. 根据造价分析工程内容界定规则，将工程类别分为哪几个部分?

据造价分析工程内容界定规则，将工程类别分为 3 个部分，包括交流部分、直流部分、系统二次部分。

13. 根据造价分析工程费用拆分规则，将工程费用拆分为哪几个部分?

拆分为设备购置费、建筑工程费、拆除工程费、安装工程费及其他费用 5 个部分。

（四）审计常见问题

1. 对生产技改大修项目进行全过程管理审计的作用是什么？

审计是判断管理是否依法合规，是服务于管理部门的一种独立检查监督和评价活动，是审计人员对项目经济型、效率、效果等方面关注企业资源使用情况的方法。通过内部审计，有助于强化系统内部管理制度，及时发现问题纠正错误，堵塞管理漏洞，可在企业改善管理、挖掘潜力、降低生产成本、提高经济效益等方面起到积极的促进作用。

2. 对生产技改大修项目进行全过程管理审计的主要依据是什么？

国家电网企管〔2014〕69 号《国家电网公司生产技术改造工作管理规定》[国网（运检 /3）157—2014] 和《国家电网公司生产设备大修工作管理规定》[国网（运检 3）158—2014] 的通知，以及五个配套管理规定：

（1）生产技术改造和设备大修项目可研编制与评审管理规定。

（2）生产技术改造和设备大修项目初步设计编制与评审管理规定。

（3）生产技术改造和设备大修项目验收管理规定。

（4）生产技术改造项目竣工决算管理规定。

（5）生产技术改造项目后评价管理规定。

相关文件还包括：

（1）《国家电网公司废旧物资处置管理办法》国家电网企管〔2016〕650号/国网（物资/2）127—2013。

（2）《国家电网公司工程财务管理办法》国家电网企管〔2018〕96号/国网（财/2）351—2014。

（3）《国家电网公司生产技术改造和设备大修项目档案管理规定》国家电网企管〔2018〕209号/国网（运检/3）918—2018。

3. 被审单位在审计配合中要注意哪些事项？

审计工作开展前，一般要将审计工作安排发给被审单位，被审单位要严格按照要求提早准备资料，做到及时、齐全。没有开工或未完工项目资料不全的要在项目清单中说明原因，与审计组交接资料时，要将项目清单、审计配合人员联系方式一并递交。每天主动与审计组沟通，发现问题及时解释、及时消除。

4. 技改大修审计创新工作有哪些？

引入第三方，对项目结算进行审核。较大型技改大修项目，审计提前介入，对一些隐蔽工程、过渡方案进行工程量的确定；限上项目邀请省公司审计部门参与，全过程把控。

5. 怎样做到施工费可控，避免超支而形成审计风险？

在签订施工合同前，施工方要编制施工图预算，经过项目管理方审核后的预算金额，可作为合同金额的依据。待项目竣工后，根据实际工程量，对预算进行修正（即为结算书）。

6. 怎样保证生产技改大修计划的刚性执行，避免审计风险？

在制定项目储备计划时，要综合考虑电网规划、所在地域城市发展规划、电网运行方式、通道协调难度等因素，做到有计划、能实施；计划下达后因外力因素确定不能实施的，要及时上报予以取消，计划内容有调整的，要及时履行调整手续。

7. 怎样做好生产技改大修项目资料收集保存工作，为配合以后审计工作打好基础？

在项目正式下达后，一个项目准备一个档案盒，顺序收集可研报告、项目下达文件等资料，待项目竣工后项目资料收集齐全。项目竣工后再收集资料容易造成资料缺失、逻辑错误等问题。设立生产技改大修项目专项资料室，留存纸质及电子档案。

8. 一般来说，常规审计的主要内容有什么？

项目前期管理、招投标管理、合同管理、设计管理、监理管理、工程建设管理、物资及拆除物资管理、财务管理、集体企业延伸的审查和评价。

9. 项目前期管理审计主要关注哪方面内容？

主要关注项目基本情况、项目规划、项目储备、投资计划、计划执行等方面。根据项目批复文件简述工程项目投资建设概况；查看被审计单位相关部门是否按要求编制电网规划；查看被审计单位工程项目储备库建立及管理情况，检查工程储备项目是否可行；核查计划上报项目是否全部来源于项目储备库；查阅实施项目是否全部在储备库之内，是否存在实施储备库之外的项目；审查并统计项目的可研批复、项目核准、投资计划、初步设计等环节批复情况；审查是否存在未批先建或建设程序不符合逻辑，竣工决算超概或结余过大的情况，发生调整的项目是否履行相应审批程序。

10. 项目招投标环节审计主要关注哪方面内容？

主要关注招标条件、招标方式及招标过程的合规性。依照招投标采购流程的先后顺序，对招投标全过程的合规性进行评价分析；重点检查设计、施工、监理等采购服务是否按照“公开、公平、公正”的原则实施招投标，招标评分规则是否合理。

11. 项目合同管理环节审计主要关注哪方面内容？

主要关注合同签订是否执行中标结果，合同金额是否明确下浮系数、税前税后，合同专用条款是否恰当，及合同结算是否与合同约定相符等情况。查阅合同双方签订人的法定资格是否合规、授权委托手续是否完善；查阅合同文本格式及内容，关注合同模板套用是否合规；核心条款是否完善；合同约定内容是否与中标结果一致等；合同金额是否体现下浮系数、明确税前税后，合同具体金额来源是否合理，有没有预算；查阅合同在经法系统的流转情况，是否在中标通知书发出 30 天内流转签字完毕；结算支付是否依据合同要求执行；中标单位是否如约履职。

12. 项目物资管理环节审计主要关注哪方面内容？

主要关注物资需求提报、物资领用及结算、乙供物资采购、拆除物资管理等情况。统计分析审计范围内项目物资订单、物资供应商结算、物资到货及发出情况等，掌握物资整体情况；审查物资需求计划提报时间是否合规，物资需求是否根据概算提报，与结算对比偏差是否过大；核查工程完工后是否及时核对物资实际用量，是否存在项目物资成本多计，项目物资成本不实等情况；对项目结余物资退库情况进行审查；对建设单位自行采购物资情况进行审查，主要是对自主采购及乙供物资进行检查，对自购及乙供物资的合规性开展审计；了解自购及乙供物资产生的原因，核实自购及乙供物资用量及价格情况，审查自购及乙供物资管理是否规范，价格是否合理。

13. 项目设计管理环节审计主要关注哪方面内容?

主要关注设计单位履责情况。根据项目电压等级或项目类别，通过查阅设计单位资质、营业执照、设计合同、中标通知书等资料，了解设计合规性；审查是否存在因设计文件提交不及时影响工程建设进度等情况；审查是否及时签发与审批设计变更通知单，以及设计变更报批程序及审批权限的合规性；审查施工图、竣工图、设计变更和其他设计资料的归档是否及时、规范、完整；审查设计任务是否存在转分包。

14. 项目监理管理环节审计主要关注哪方面内容?

主要关注监理公司的监理资质与建设项目的建设规模是否相符；审查工程监理履责情况，是否对工程安全、质量、进度及费用等方面进行监督与控制监理，资料是否完整、规范，归档是否及时等；是否存在时间逻辑错误；是否存在分包情况。

15. 技改大修项目管理环节审计主要关注哪方面内容?

主要关注项目进度、现场签证、工程造价、竣工验收、档案资料及考核评价等情况。审查项目实际建设规模，审查参建单位是否存在资质不满足项目要求，资质过期等情况；审查工程进度管理情况，审查是否存在未按里程碑计划开、竣工，虚报工程进度的情况；审查是否存在签证或变更手续办理滞后、签证或变更手续不全及虚假签证等情况；涉及项目造价的变更签证编制是否规范、及时，是否附有变更部分费用预算书等；审查工程结算管理情况，项目完工后是否及时整理工程结算资料、编制项目结算书并在规定时间内送审；审查项目造价的准确性，项目概算编制是否准确，是否突破可研造价，项目施工图预算是否突破概算，项目结算是否根据现场实际进行编制，是否存在高估冒算、虚列费用等情况；审查工程项目竣工的真实性，现场查看项目完工情况，检查是否存在虚假竣工的情况；审查项目竣工验收手续的合规性，现场查看项目竣工验收资料，检查是否存在项目资料前后矛盾、重要资料缺失及签字、盖章不完整等情况；审查工程资料管理情况，检查档案资料归档是否齐全。

16. 项目财务管理环节审计主要关注哪方面内容?

主要关注工程资金管理、财务核算、概决算及转资情况。审查费用归集是否与工程建设进度相匹配，重点关注其他费用列支的真实性、完整性及合规性。审查工程总投资是否超概算，是否办理了调概申请手续，手续是否合规；比对其他费用各明细费用与概算，是否存在单项费用超概等情况；审查技改项目决算及转资情况，项目完工后是否及时进行估价转资并按规定计提折旧，是否及时完成财务决算编制工作并在规定时间内送审，审查决算编制是否准确、完整。

17. 技改大修项目集体企业延伸审计主要关注哪方面内容?

主要关注与施工单位的关联交易情况。检查工程款项支付方式是否合规；检查施工单位资质和业务承揽及实施能力，关注项目分包是否合规，是否存在违规分包或非法转包情况；关注工程赔青支出情况，检查赔青手续是否齐全，赔青实际支出和与甲方结算金额是否存在差额等情况；关注围绕项目多经对甲方开票及分包商对多经开票情况，检查同一项目是否存在重复纳税情况。

（五）精益化评价

1. 生产技改大修精益化评价的依据和范围是什么?

根据国网河南省电力公司印发的《生产技改大修专业精益化管理评价规范（试行）》，国网河南省电力公司设备部每季度最后一月第二周组织开展生产技改大修专业精益化评价工作。评价范围为各单位各季度生产技改大修下年度储备项目合格率、年度计划项目里程碑计划及档案合格率、工作配合三个部分。

2. 生产技改大修精益化评价的组织方式是什么?

每季度最后一月中旬，由国网河南省电力公司下发会议通知，各地市技改大修专责参加，进行为期一周的精益化评价集中办公。

设备部结合 2017 年生产技改大修工作情况，开展联动机制，以老带新、强强联合、优势共享、资源互补，形成活力四射、生机勃勃氛围，共同提升生产技改大修项目精益化管理水平。将 22 家单位分为 7 组，同步按小组开展精益化评价考核，并在年度成果中进行体现。

3. 生产技改大修精益化评价结果如何通报?

根据精益化评价结果，编制完成质量分析报告，并作为当季度精益化评价报告附件发送各单位主要领导。各季度精益化成绩同步纳入企业负责人主营业务考核。具体考核标准参照国网河南省电力公司《关于印发〈国网河南省电力公司主营业务绩效管理办法〉的通知》（豫电人资〔2016〕416 号）。

4. 生产技改大修精益化评价的工作目标是什么?

实现储备项目国家电网公司通过率 95%，项目里程碑计划与执行一致率、形象进度、资金入账达到全国前列水平，整体水平保持国家电网公司 A 段。

生产技改大修管理成果相关文件

序号	文件文号	文件名称
一、国网公司通用制度管理规定		
1	国家电网企管〔2014〕69 号	国家电网公司关于印发《国家电网公司生产技术改造工作管理规定》和《国家电网公司生产设备大修工作管理规定》的通知
2	国家电网企管〔2018〕209 号	国家电网公司生产技术改造和设备大修项目可研编制与审批管理规定
3		国家电网公司生产技术改造和设备大修项目验收管理规定
4		国家电网公司生产技术改造项目竣工决算管理规定
5		生产技术改造项目后评价管理规定
6	国家电网企管〔2018〕209 号	国家电网公司生产技术改造和设备大修项目档案管理规定
7		国家电网公司生产技术改造和设备大修项目编报规范

续表

序号	文件文号	文件名称
8		生产技改大修储备项目审查要点
9		生产技改大修项目档案审查要点
二、国网河南省电力公司管理成果		
1	QC 成果	提高生产技改大修项目档案资料归档合格率
2	QC 成果	提高生产技改大修储备项目审查通过率
3	QC 成果	提高生产技改大修储备项目合格率
4	QC 成果	降低生产技改大修项目关闭执行偏差率
5	QC 成果	降低县公司生产技改大修里程碑计划执行偏差率
6		生产技改大修项目储备校核表
7		生产技改大修储备负面清单

续表

序号	文件文号	文件名称
8		生产技改大修储备项目档案资料负面清单
9		生产技改大修项目审计负面清单
10		生产技术改造和设备大修项目初步设计编制与评审管理规定
11		生产技改大修项目档案管理提升工作方案
12		生产技改大修项目审计负面清单
13		生产技术改造和生产设备大修项目可行性研究内容深度规定
14		生产技术改造项目可行性研究内容深度规定
15		生产设备大修项目可行性研究内容深度规定
16		PMS2.0 技改大修一体化平台应用培训

续表

序号	文件文号	文件名称
17		生产技改大修项目全过程管理实施意见
18		生产技改大修全过程管理流程及交接界面流程图
19		运维检修部关于印发进一步加强生产技改大修项目全过程管理实施意见的通知